T0141541

La historia de
las innovaciones victorianas

Fracciones equivalentes

Saskia Lacey

Asesoras

Michele Ogden, Ed.D
Directora, Irvine Unified School District

Jennifer Robertson, M.A.Ed.
Maestra, Huntington Beach City School District

Créditos de publicación

Rachelle Cracchiolo, M.S.Ed., *Editora comercial*
Conni Medina, M.A.Ed., *Gerente editorial*
Dona Herweck Rice, *Realizadora de la serie*
Emily R. Smith, M.A.Ed., *Realizadora de la serie*
Diana Kenney, M.A.Ed., NBCT, *Directora de contenido*
Stacy Monsman, M.A., *Editora*
Kevin Panter, *Diseñador gráfico*

Créditos de imágenes: Portada y pág. 1 SSPL/Getty Images;
pág. 5 (superior) The Print Collector/Print Collector/Getty
Images, (inferior) The National Archives UK; pág. 6 (primer
plano) © Philip Mould Ltd, London/Bridgeman Images;
págs. 6-7, 8-9 Public domain, image courtesy of the British
Library; pág. 8 (superior) © 2016 Photographic Unit, University
of Glasgow; pág. 10 Tom Hanley/Alamy Stock Photo; pág. 11
Royal Collection Trust © Her Majesty Queen Elizabeth II, 2016/
Bridgeman Images; pág. 12 (superior) Bridgeman Images,
(primer plano) Mary Evans Picture Library/Alamy Stock Photo;
págs. 12-13 Everett Collection Historical/Alamy Stock Photo;
pág. 14 jardinimages/Alamy Stock Photo; págs. 14-15 Mary
Evans Picture Library/Alamy Stock Photo; pág. 16 Chronicle/
Alamy Stock Photo; pág. 17 (izquierda) Glen Bowman from
Newcastle, England, (derecha) Wellcome Library, London;
pág. 18 Scott Hortop Travel/Alamy Stock Photo; pág. 19
(superior) Mary Evans Picture Library/Alamy Stock Photo,
(inferior) Soccer - PFA Centenary Event - The Halle Orchestra
Plays Football-Bridgewater Hall, Manchester; págs. 20, 20-21
Lordprice Collection/Alamy Stock Photo; pág. 22 GL Archive/
Alamy Stock Photo; pág. 23 Schlesinger Library, Radcliffe
Institute, Harvard University; pág. 24 (izquierda) GL Archive/
Alamy Stock Photo, (derecha) North Wind Picture Archives;
pág. 25 (superior) Bettmann/Getty Images, (inferior) SOTK2011/
Alamy Stock Photo; pág. 26 Lordprice Collection/Alamy Stock
Photo; pág. 27 (superior) Chronicle/Alamy Stock Photo, (inferior)
FromOldBooks.org/Alamy Stock Photo; págs. 28-29 World
History Archive/Alamy Stock Photo; pág. 31 Tom Hanley/Alamy
Stock Photo; todas las demás imágenes de iStock
y/o Shutterstock.

Teacher Created Materials

5301 Oceanus Drive
Huntington Beach, CA 92649-1030
http://www.tcmpub.com

ISBN 978-1-4258-2887-5
© 2018 Teacher Created Materials, Inc.
Made in China
Nordica.102017.CA21701218

VICTORIA

1837–1897.

Contenido

Maravillas de la época victoriana

Hace mucho tiempo, una joven fue coronada reina de Gran Bretaña. Tenía apenas 18 años. Se llamaba Victoria. Lo que menos se imaginaba era que toda una **época** llevaría su nombre. Victoria reinó de 1837 a 1901. Se mantuvo en el trono durante 60 años. Duró más que todos los **monarcas** británicos anteriores.

Fue una época de cambios. Había nuevas maneras de pensar. Las mujeres luchaban por el derecho al voto. Se promulgaron leyes para proteger a los niños. También hubo **innovaciones**. La electricidad se introdujo en los hogares por primera vez. Nuevas máquinas que usaban vapor se usaron en fábricas y ferrocarriles. Esto cambió la manera de trabajar y de viajar de las personas. Había incluso nuevas maneras de pasar el tiempo. Se jugó el primer partido internacional de fútbol. Se abrió un parque público para que todos lo disfrutaran. Cualquier cosa parecía posible.

La reina Victoria

4

Esta imprenta vertical era propiedad de un periódico londinense de la época.

Después de diez años de proceso, el gramófono fue inventado finalmente en 1887 para reproducir música grabada.

Entrada principal a la Gran Exposición

El príncipe Alberto

La Gran Exposición

Los británicos querían celebrar los nuevos cambios que estaban ocurriendo. Por lo tanto, una feria enorme se llevó a cabo en 1851. Se llamó la Gran **Exposición** de los Trabajos de la Industria de Todas las Naciones.

Fue una gran feria. Había muchos objetos curiosos. Varios de ellos eran nuevos inventos. Había neumáticos de goma y máquinas de vapor. Había dientes postizos y piernas artificiales. En la actualidad estos artículos no son raros. Estamos acostumbrados a ellos. Sin embargo, en ese entonces impresionaron a las personas. Para ellas, los inventos eran completamente nuevos.

La feria fue planificada por el príncipe Alberto. Era el marido de la reina. Alberto era un músico que amaba las artes. Él quería que la feria fuera una colección de maravillas. Fue justamente eso.

La feria tenía muchas **partes**. Había 100,000 **muestras**. Pero juntas, estas partes constituían un **entero**. Y como tal, la feria simbolizó el progreso. Celebró el mundo moderno.

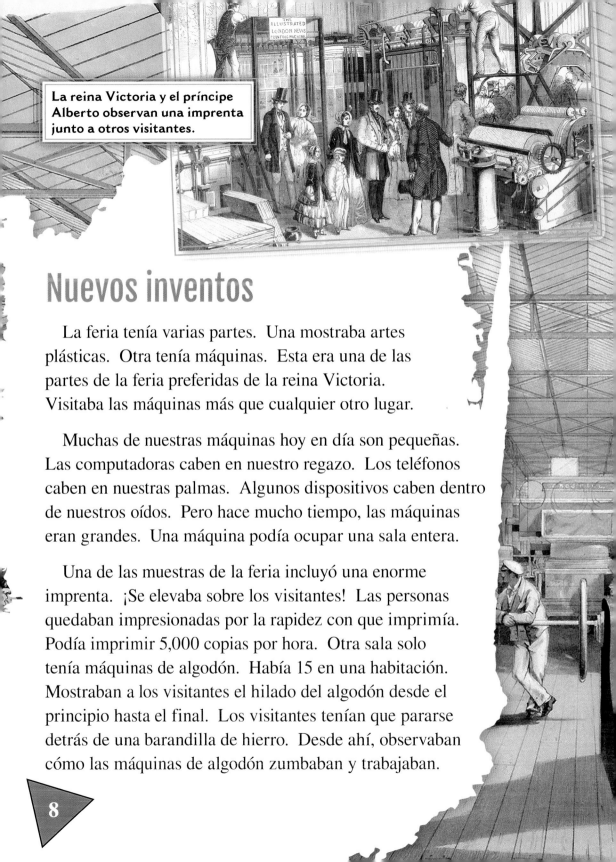

La reina Victoria y el príncipe Alberto observan una imprenta junto a otros visitantes.

Nuevos inventos

La feria tenía varias partes. Una mostraba artes plásticas. Otra tenía máquinas. Esta era una de las partes de la feria preferidas de la reina Victoria. Visitaba las máquinas más que cualquier otro lugar.

Muchas de nuestras máquinas hoy en día son pequeñas. Las computadoras caben en nuestro regazo. Los teléfonos caben en nuestras palmas. Algunos dispositivos caben dentro de nuestros oídos. Pero hace mucho tiempo, las máquinas eran grandes. Una máquina podía ocupar una sala entera.

Una de las muestras de la feria incluyó una enorme imprenta. ¡Se elevaba sobre los visitantes! Las personas quedaban impresionadas por la rapidez con que imprimía. Podía imprimir 5,000 copias por hora. Otra sala solo tenía máquinas de algodón. Había 15 en una habitación. Mostraban a los visitantes el hilado del algodón desde el principio hasta el final. Los visitantes tenían que pararse detrás de una barandilla de hierro. Desde ahí, observaban cómo las máquinas de algodón zumbaban y trabajaban.

Las partes móviles de muchas máquinas en la feria dependían de ruedas. Los rayos dividen la rueda de abajo en dos partes.

Agregándole más rayos, la rueda ahora tiene cuatro partes.

1. ¿En qué ha cambiado la rueda? ¿En qué ha permanecido igual?

2. ¿Cambia el tamaño de la rueda si se añaden más rayos? Explica.

Máquinas en la
Gran Exposición

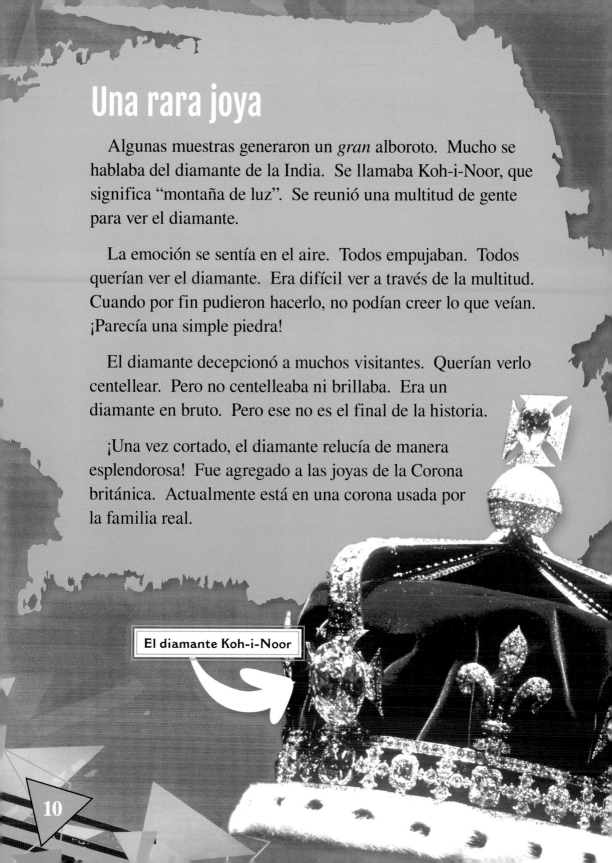

Una rara joya

Algunas muestras generaron un *gran* alboroto. Mucho se hablaba del diamante de la India. Se llamaba Koh-i-Noor, que significa "montaña de luz". Se reunió una multitud de gente para ver el diamante.

La emoción se sentía en el aire. Todos empujaban. Todos querían ver el diamante. Era difícil ver a través de la multitud. Cuando por fin pudieron hacerlo, no podían creer lo que veían. ¡Parecía una simple piedra!

El diamante decepcionó a muchos visitantes. Querían verlo centellear. Pero no centelleaba ni brillaba. Era un diamante en bruto. Pero ese no es el final de la historia.

¡Una vez cortado, el diamante relucía de manera esplendorosa! Fue agregado a las joyas de la Corona británica. Actualmente está en una corona usada por la familia real.

El diamante Koh-i-Noor

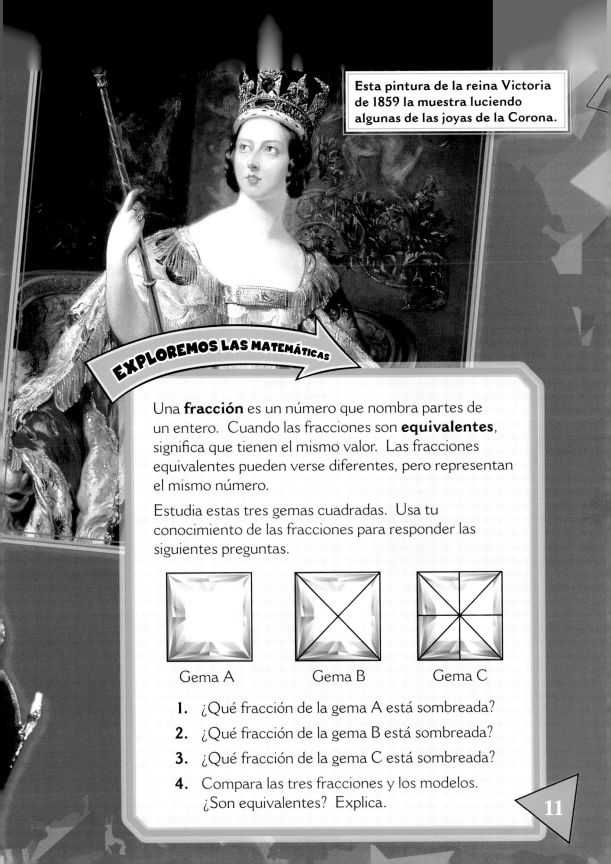

Esta pintura de la reina Victoria de 1859 la muestra luciendo algunas de las joyas de la Corona.

EXPLOREMOS LAS MATEMÁTICAS

Una **fracción** es un número que nombra partes de un entero. Cuando las fracciones son **equivalentes**, significa que tienen el mismo valor. Las fracciones equivalentes pueden verse diferentes, pero representan el mismo número.

Estudia estas tres gemas cuadradas. Usa tu conocimiento de las fracciones para responder las siguientes preguntas.

Gema A   Gema B   Gema C

1. ¿Qué fracción de la gema A está sombreada?

2. ¿Qué fracción de la gema B está sombreada?

3. ¿Qué fracción de la gema C está sombreada?

4. Compara las tres fracciones y los modelos. ¿Son equivalentes? Explica.

11

La reina Victoria preside las ceremonias de inauguración en el Palacio de Cristal.

Sir Joseph Paxton

El Palacio de Cristal

Muchos **arquitectos** querían diseñar las instalaciones de la feria. Entonces se formó un equipo para elegir el mejor diseño. Rechazaron cientos de planes. Finalmente, le dieron el trabajo a Joseph Paxton. Miles de hombres trabajaron para construirlo. La gente pensaba que parecía un lirio. No era una coincidencia. Paxton era un jardinero y diseñador de invernaderos. La belleza del lirio lo inspiró cuando diseñó el Palacio de Cristal.

El Palacio de Cristal tenía paredes de cristal. Cada sala estaba llena de luz. Así es como obtuvo su nombre.

A lo largo de los años, el edificio tuvo millones de visitantes. Lamentablemente, ya no se puede visitar el edificio. Fue desmantelado después de que cerró la feria. Ahora solo se puede ver en bocetos y fotos.

El Palacio de Cristal

13

Mapa ilustrado de Birkenhead Park

Una época de primicias

El siglo XIX fue una época de primicias. Se vieron muchas de ellas en la Gran Exposición. Pero hubo otros cambios durante este tiempo. Estas maravillas solo se podían ver fuera de la feria.

Naturaleza artificial

Hoy en día, los parques en las ciudades son comunes. Los parques son lugares donde jugamos y descansamos. Pero no siempre fue así. No hubo ningún parque financiado con fondos públicos antes de 1847. Birkenhead Park fue el primero de su tipo.

Joseph Paxton (el del Palacio de Cristal) diseñó el parque. La entrada principal atraía a los visitantes. Un puente cubierto añadía encanto. Había lagos, árboles y senderos para caminar. Era un "parque para las personas". Muchos practicaban deportes, como el críquet y el *rugby*, en sus terrenos. El parque influiría más tarde en el diseño del Central Park en la ciudad de Nueva York. A diferencia del Palacio de Cristal, la gente todavía puede disfrutar de Birkenhead Park hoy.

Los siguientes modelos muestran la fracción de terreno cubierta por árboles en dos parques.

1. Usa los **símbolos** de mayor que (>) o menor que (<) para comparar los dos modelos.

Parque modelo A

Parque modelo B

2. Dibuja tus propios modelos de parques. Un parque debe tener árboles que cubran $\frac{2}{8}$ del terreno. El otro parque debe tener árboles que cubran $\frac{5}{8}$ del terreno. ¿Qué parque tiene más árboles? Usa > o < para comparar las fracciones.

La gente concurre a la gran inauguración de Birkenhead Park.

15

Luz eléctrica

La electricidad se usa todos los días. Hace funcionar las máquinas. En el invierno, calienta las casas de las personas. En el verano, mantiene frescas a las personas. Es tan fácil como apretar un interruptor.

Los victorianos vivían en un mundo diferente. No tenían electricidad. La gente usaba el fuego para mantener sus hogares calientes. Las lámparas de petróleo se habían usado para iluminar los hogares desde la década de 1780.

Una lámpara de aceite ilumina una sala de costura en 1887.

Antes de que hubiera electricidad, las personas tenían que llenar las lámparas con aceite. Los modelos siguientes muestran la fracción de aceite en las dos lámparas.

Lámpara A   **Lámpara B**

1. Usa los símbolos de mayor que (>) o menor que (<) para comparar el aceite de cada lámpara.

2. Dibuja tus propias lámparas de aceite. Una lámpara debe estar llena hasta los $\frac{2}{3}$ de aceite. La otra lámpara debe tener $\frac{1}{3}$ de aceite. ¿Qué lámpara tiene más aceite? Usa > o < para comparar las fracciones.

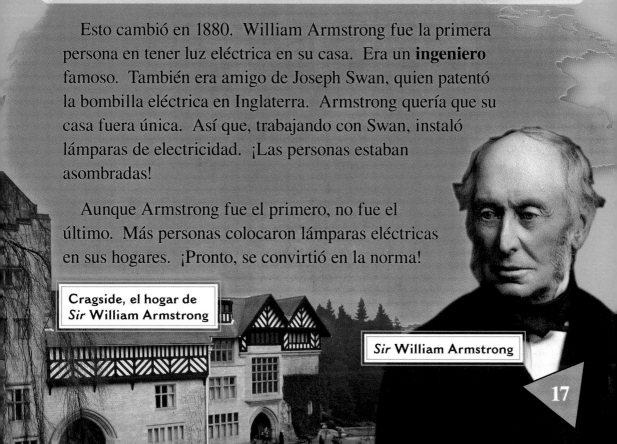

Esto cambió en 1880. William Armstrong fue la primera persona en tener luz eléctrica en su casa. Era un **ingeniero** famoso. También era amigo de Joseph Swan, quien patentó la bombilla eléctrica en Inglaterra. Armstrong quería que su casa fuera única. Así que, trabajando con Swan, instaló lámparas de electricidad. ¡Las personas estaban asombradas!

Aunque Armstrong fue el primero, no fue el último. Más personas colocaron lámparas eléctricas en sus hogares. ¡Pronto, se convirtió en la norma!

Cragside, el hogar de *Sir* William Armstrong

Sir William Armstrong

17

La Orquesta Hallé da un concierto en su sede actual, Bridgewater Hall, en Manchester.

Charles Hallé

La Orquesta Hallé

Una orquesta sinfónica está lista para tocar para una multitud que aguarda en silencio. Los músicos suben al escenario. Las flautas se elevan a los labios. Las trompetas brillan. Los percusionistas tienen los palillos listos. Los ejecutantes apoyan sus arcos sobre las cuerdas del violín.

Aunque común hoy en día, esta escena no era común para los victorianos. Charles Hallé fundó la primera orquesta **permanente** en 1858. Él mismo pagó los primeros conciertos. También era el **director**. ¡A la gente le encantó! Los músicos tocaron a la perfección. Incluso cantó un coro. Los conciertos tuvieron lugar en el edificio Free Trade Hall.

La Orquesta Hallé sigue siendo famosa. El coro todavía canta, también. Ahora, se hacen grabaciones de la música de la orquesta. Viajan y actúan en todo el mundo. Miles de personas acuden a sus presentaciones cada año.

Free Trade Hall en Manchester ahora es un hotel.

Se anota un gol mientras los escolares animan.

Deportes

El fútbol es popular en todo el mundo. La forma moderna de este deporte surgió en la época victoriana.

Los primeros juegos no estaban organizados. Algunos partidos los jugaban pueblos enteros. Las personas jugaban en calles y campos. Pero pronto, las reglas evolucionaron. Las personas estuvieron de acuerdo en que la pelota debía ser siempre del mismo tamaño y forma. Los estudiantes comenzaron a jugar en la escuela. En 1863, se formó la primera liga.

A las personas les encantaba jugar. Pero también les gustaba ver a otras personas jugar. Los primeros partidos profesionales comenzaron en 1885. Inglaterra y Escocia jugaron en 1872. Fue el primer partido internacional. ¡Estos países siguen siendo rivales en la actualidad!

1. ¿Qué distancia corrió el Jugador 1 a lo largo de la línea lateral?

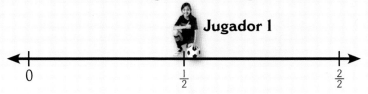

Jugador 1

$0 \qquad \frac{1}{2} \qquad \frac{2}{2}$

2. ¿Qué distancia corrió el Jugador 2 a lo largo de la línea lateral?

Jugador 2

$0 \qquad \frac{1}{4} \qquad \frac{2}{4} \qquad \frac{3}{4} \qquad \frac{4}{4}$

3. ¿Qué distancia corrió el Jugador 3 a lo largo de la línea lateral?

Jugador 3

$0 \qquad \frac{1}{8} \qquad \frac{2}{8} \qquad \frac{3}{8} \qquad \frac{4}{8} \qquad \frac{5}{8} \qquad \frac{6}{8} \qquad \frac{7}{8} \qquad \frac{8}{8}$

4. ¿Cuál de los tres jugadores corrió la mayor distancia? Explica tu razonamiento.

Deportistas compiten en un partido de fútbol victoriano.

21

VOTES FOR WOMEN
MEETING

ESSEX HALL ESSEX ST. STRAND
ON MONDAY, NOV. 25

MRS. DESPARD
MISS IRENE MILLER
MRS. EDITH HOW MARTYN
MISS NEILANS

VOTES FOR WOMEN

Mujeres se manifiestan en Londres por el derecho al voto.

Nuevos derechos

La nueva era también trajo cambios a la sociedad. Las personas comenzaron a cambiar su manera de pensar. Querían más **derechos**.

Derechos de las mujeres

En el siglo XIX, las mujeres no tenían muchos derechos. Por ejemplo, cuando una mujer se casaba, toda su tierra pasaba a pertenecer a su marido. Esto cambió en la época victoriana. Por primera vez, las mujeres podían poseer sus propias tierras en Inglaterra. Las mujeres también buscaron otros cambios. Lucharon por el derecho al voto. Realizaban reuniones. Escuchaban a los oradores. Exigían a los líderes de gobierno el derecho al voto.

Estos primeros esfuerzos verían sus frutos años más tarde. En 1918, algunas mujeres británicas lograron el derecho al voto. Debían ser mayores de 30 años. También tenían que ser propietarias de su tierra. El resto de las mujeres de Gran Bretaña no logró el derecho al voto hasta 1928. En Estados Unidos las mujeres lograron el derecho al voto en 1920.

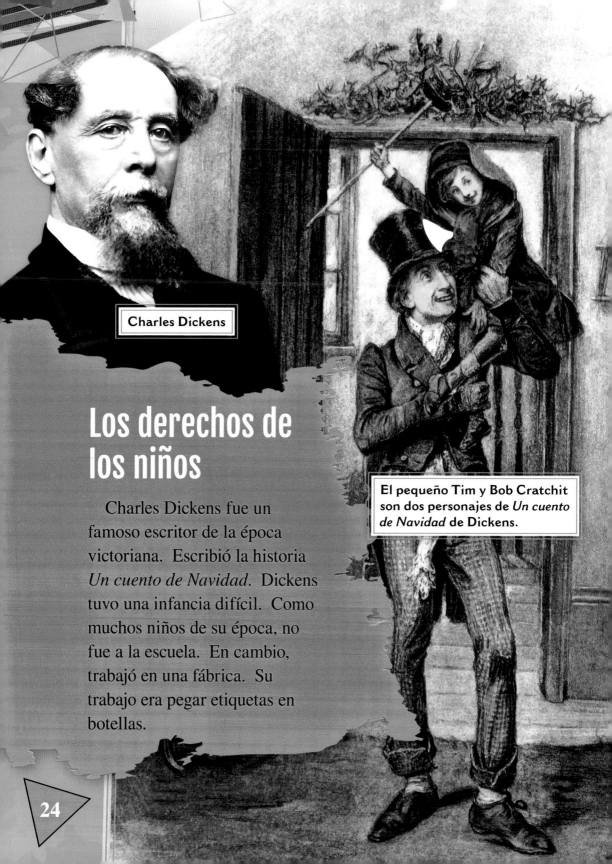

Charles Dickens

Los derechos de los niños

El pequeño Tim y Bob Cratchit son dos personajes de *Un cuento de Navidad* de Dickens.

Charles Dickens fue un famoso escritor de la época victoriana. Escribió la historia *Un cuento de Navidad*. Dickens tuvo una infancia difícil. Como muchos niños de su época, no fue a la escuela. En cambio, trabajó en una fábrica. Su trabajo era pegar etiquetas en botellas.

Jóvenes trabajadores esperan para entrar a una mina de carbón en Derbyshire, Inglaterra.

Muchos dueños de fábrica contrataban a niños como trabajadores. Trabajaban por menos dinero y podían arrastrarse bajo las máquinas para llegar a lugares que los adultos no podían. El trabajo era sucio y ruidoso. Trabajaban largas horas, y no había pausas.

Las personas comenzaron a luchar por los derechos de los niños. Sabían que los niños estaban siendo maltratados. En 1880, Gran Bretaña aprobó una nueva ley. En lugar de trabajar, los niños debían ir a la escuela. En los 20 años siguientes, las cosas comenzaron a cambiar.

Una niña trabaja en las minas del "País Negro" de Inglaterra, que obtuvo su nombre debido al hollín producido por las fábricas.

Una época de adelantos

La época victoriana no fue perfecta, pero fue única. Fue una época de grandes cambios. Las personas se deslumbraron con la Gran Exposición. Máquinas enormes ocupaban habitaciones enteras. Y eran mejores y más rápidas que nunca. Maravillas de todo el mundo impresionaban a los visitantes.

Las personas disfrutaban de más tiempo libre. El fútbol tomó el mundo por asalto. Las personas iban a escuchar el palpitar de los ritmos de las orquestas. Descansaban en los primeros parques públicos.

Muchas cosas cambiaron para mejor. Se usaban luces eléctricas en los hogares. Las mujeres y los niños lograron más derechos. La vida cambió para muchos.

Victoria se convirtió en reina cuando tenía solo 18 años. Cuando murió a la edad de 81 años, Gran Bretaña era un mundo diferente. Había reinado por más de 60 años. La manera de pensar, de vivir y de trabajar de las personas cambió mientras ella vivió. El nombre *Victoria* será usado siempre para describir una época de innovaciones.

Un partido de fútbol victoriano se juega según reglas oficiales.

Visitantes admiran el Palacio de Cristal en Hyde Park de Londres.

La primera locomotora de vapor fue inventada en 1804.

⚙️ Resolución de problemas

Imagina que es 1851. Vives en Londres, Inglaterra. Estás ayudando a planificar la Gran Exposición, ¡y hay tanto por hacer! El jefe de arquitectos tiene algunas preguntas sobre los planos. Responde las preguntas usando los modelos de los planos.

1. ¿Qué fracción de cada plano mostrará inventos? ¿Qué fracción de cada plano mostrará jardines?

2. Compara las salas de inventos de los planos 1 y 2. ¿Son equivalentes? Explica.

3. Compara los jardines de los planos 2 y 3. ¿Qué observas?

Plano 1

Sala de comidas	Sala de inventos

Plano 2

Sala de inventos	Sala de comidas
Sala de inventos	Jardines

Plano 3

Sala de inventos	Sala de inventos	Sala de inventos	Sala de inventos
Sala de comidas	Jardines	Jardines	Ventanilla de información

Glosario

arquitectos: personas que diseñan edificios

derechos: cosas que se les debe permitir a las personas tener y hacer

director: persona que dirige músicos

entero: que tiene todas las partes; completo o lleno

época: un período de tiempo

equivalentes: que tienen el mismo número o valor

exposición: un evento en el que se exhiben objetos para que el público los observe

fracción: un número que muestra cuántas partes iguales hay en un entero y cuántas de esas partes se describen

ingeniero: una persona que diseña y construye máquinas, estructuras o productos

innovaciones: nuevos aparatos, ideas o métodos

monarcas: personas que reinan en un imperio o un reino

muestras: objetos o grupos de objetos que han sido puestos en espacios públicos para que las personas los observen

partes: porciones que forman un entero

permanente: que dura mucho tiempo

símbolos: caracteres que transmiten información al lector

Índice

Soluciones

Exploremos las matemáticas

página 9:

1. La rueda cambió porque al principio tenía 2 partes y ahora tiene 4 partes. La rueda quedó igual porque conserva el mismo tamaño y forma.

2. El tamaño de la rueda no cambia. Solo está dividida en más partes.

página 11:

1. $\frac{1}{2}$

2. $\frac{2}{4}$ (o $\frac{1}{2}$)

3. $\frac{4}{8}$ (o $\frac{1}{2}$)

4. Sí, cada una de las fracciones $\frac{1}{2}$, $\frac{2}{4}$ y $\frac{4}{8}$ tienen el mismo valor.

página 15:

1. $\frac{3}{4} > \frac{1}{4}$

2. Los estudiantes deberían dibujar dos planos del mismo tamaño que muestren $\frac{2}{8} < \frac{5}{8}$.

página 17:

1. $\frac{2}{6} < \frac{4}{6}$ (o $\frac{1}{3} < \frac{2}{3}$)

2. Los estudiantes deberían dibujar dos lámparas del mismo tamaño que muestren $\frac{2}{3} > \frac{1}{3}$.

página 21:

1. $\frac{1}{2}$

2. $\frac{3}{4}$

3. $\frac{5}{8}$

4. El jugador de fútbol que corrió $\frac{3}{4}$ del largo del lateral corrió la mayor distancia porque $\frac{3}{4}$ está más lejos hacia la derecha en la recta numérica; $\frac{3}{4} > \frac{1}{2}$ y $\frac{3}{4} > \frac{5}{8}$.

Resolución de problemas

1. Plano 1: $\frac{1}{2}$ inventos, 0 jardines; plano 2: $\frac{2}{4}$ (o $\frac{1}{2}$) inventos, $\frac{1}{4}$ jardines; plano 3: $\frac{4}{8}$ (o $\frac{1}{2}$) inventos $\frac{2}{8}$ (o $\frac{1}{4}$) jardines.

2. Son fracciones equivalentes. $\frac{1}{2}$ y $\frac{2}{4}$ tienen el mismo valor.

3. $\frac{1}{4}$ del plano 2 incluye jardines. $\frac{2}{8}$ (o $\frac{1}{4}$) del plano 3 incluye jardines. Estas dos fracciones son equivalentes ya que cada plano incluye la misma cantidad de espacio para jardines.